Big Data und Prozessmanagement im Unternehmenseinsatz unter Berücksichtigung des aktuellen Forschungsstands

Marcel Köpfer

Bibliografische Information der Deutschen Nationalbibliothek:

Die Deutsche Nationalbibliothek verzeichnet diese Publikation in der Deutschen Nationalbibliografie; detaillierte bibliografische Daten sind im Internet über http://dnb.d-nb.de abrufbar.

ISBN: 9783346414700
Dieses Buch ist auch als E-Book erhältlich.

Druck und Bindung: Books on Demand GmbH, Norderstedt Germany
Gedruckt auf säurefreiem Papier aus verantwortungsvollen Quellen

Das vorliegende Werk wurde sorgfältig erarbeitet. Dennoch übernehmen Autoren und Verlag für die Richtigkeit von Angaben, Hinweisen, Links und Ratschlägen sowie eventuelle Druckfehler keine Haftung.

Das Buch bei GRIN: https://www.grin.com/document/1021595

Marcel Köpfer

ASSIGNMENT - AKAD

Big Data und Prozessmanagement

Big Data und Prozessmanagement im Unternehmenseinsatz
unter Berücksichtigung des aktuellen Forschungsstands

Studiengang: Wirtschaftsinformatik

Bachelor of Science

Modul: Geschäftsprozesse und Anwendungssysteme

Inhaltsverzeichnis

Abbildungsverzeichnis

1 Einleitung

1.1 Relevanz des Themas

Die fortschreitende Digitalisierung erzeugt eine immer größere Menge an Daten. Gemäß einer Berechnung des Magazins Forbes werden mittlerweile täglich ungefähr 2,5 Trillionen Bytes an digitalen Daten produziert. Jedoch werden von den global zugänglichen Daten lediglich 0,5% analysiert und verwendet. Bereits heute hat Big Data großen Einfluss auf unser tägliches Leben. So kann beim Einkaufen im Internet ein Anbieter einem Kunden zusätzliche Produkte vorschlagen, da der Kunde dem Anbieter durch die regelmäßige Nutzung des Onlineshops seine Vorlieben preisgibt. Der Wetterbericht wird mittels unzähliger Daten immer präziser, und die Verkehrsplanung kann bei Routenberechnungen dank aktueller Daten von Staus oder Unfällen entsprechend eine Alternative vorschlagen.[1] Big Data ist also omnipräsent und *„[…] so wird deutlich, dass praktisch in jeder Branche durch Big Data ein Wandel stattfinden kann."*[2] Für Unternehmen wird es daher immer wichtiger, Big Data in ihren Prozessen zu berücksichtigen, denn *„Big Data gilt für viele Unternehmen als der heilige Gral der Optimierung."*[3]

1.2 Aufbau und Aufgabenstellung

Ziel dieser Arbeit ist die Darstellung von Big Data und Prozessmanagement im Unternehmenseinsatz. Zunächst wird in Kapitel 1.1 die Relevanz dieses Themas dargelegt. Innerhalb der theoretischen Grundlagen werden in Kapitel 2.1 zunächst Big Data definiert und deren Merkmale beschrieben. Anschließend wird in Kapitel 2.2 auf die Definition und die Arten der Prozesse eingegangen, gefolgt von einer Betrachtung der Entwicklung in chronologischer Reihenfolge. Die Integration von Big Data und Geschäftsprozessmanagement in einen betrieblichen Zusammenhang wird in Kapitel 2.3 beschrieben unter besonderer Betrachtung der Risiken und Chancen. Kapitel 2.4 zeigt den aktuellen Forschungsstand, welcher aufgrund des beschränkten Umfanges dieser Arbeit exemplarisch an zwei Konzepten vorgestellt wird. In Kapitel 3 wird anhand eines Beispiels ein konkreter An-

---

[1] Vgl. Fehr, 2019, Internetquelle.
[2] Davenport, 2014, S. 48.
[3] McCloskey, 2020, Internetquelle.

wendungskontext erörtert, um Potenziale von Big Data im Geschäftsprozessmanagement im Unternehmenseinsatz aufzuzeigen. Kapitel 4 fasst die Ergebnisse zusammen und reflektiert diese kritisch.

2 Theoretische Grundlagen

2.1 Big Data

Es gibt noch keine allgemein verbindliche Definition für den Begriff Big Data. Daher existiert ein gewisser Interpretationsspielraum.[4] Unter der Bezeichnung Big Data werden mittlerweile zwei Aspekte zusammengefasst. Einerseits wird damit die immer schneller wachsende Menge an Daten umschrieben, anderseits geht es um immer leistungsstärkere Lösungen und Systeme aus dem Bereich der Informationstechnologie, mit denen die Unternehmen die Datenflut verarbeiten und nutzen können. Der Begriff Big Data steht auch für eine ganz neue Ära in der digitalen Kommunikation, denn die fortschreitende Technologisierung nimmt nachhaltig Einfluss auf die Sammlung, Analyse, Nutzung, Verwertung und die Vermarktung von Daten.[5]

Ein verbreiteter Ansatz, Big Data zu definieren, ist es, sich auf Merkmale zu fokussieren. Zumeist basieren diese Merkmale auf dem 3V-Modell von Gartner. Inzwischen wurden jedoch standardmäßig zwei weitere bedeutsame Merkmale hinzugefügt, so dass im Kontext von Big Data nunmehr von fünf V gesprochen wird.

Bei den drei grundlegenden Merkmalen handelt es sich um Volume, Variety und Velocity. Unter Volume versteht man die enorme Datenmenge, welche sowohl innerhalb als auch außerhalb eines Unternehmens täglich entsteht. Diese Datenmenge ist so immens, dass sie nicht mit üblichen Methoden der Datenverarbeitung analysiert werden kann. Variety definiert sich als die Vielfalt von Datentypen und Datenquellen. Ungefähr 80 Prozent der weltweiten Daten sind gegenwärtig unstrukturiert. Durch Big Data-Suchalgorithmen können solche Daten auf Zusammenhänge untersucht werden. Mit Velocity ist die Geschwindigkeit gemeint, mit welcher die Daten entstehen und verarbeitet werden. Dies ist bereits heute in Echtzeit möglich. Die zwei zusätzlichen V stehen für Validity und Value. Validity,

---

[4] Vgl. Bachmann/Kemper/Gerzer, 2014, S. 17.
[5] Vgl. Radtke/Litzel, 2019, Internetquelle.

oft auch als Veracity bezeichnet, deutet auf die Sicherstellung der Qualität der Daten hin, denn je besser die Datenqualität ist, desto fundierter können die berechneten Ergebnisse werden. Value spielt auf den Mehrwert für das Unternehmen an, welcher durch Big Data entsteht.[6]

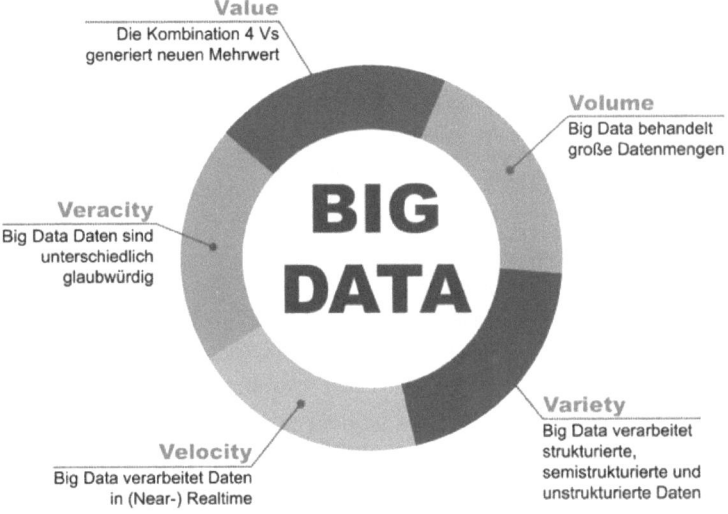

Abbildung 1 Die fünf V von Big Data[7]

2.2 Prozessmanagement

2.2.1 Definition und Arten von Prozessen

Prozesse gibt es in vielen unterschiedlichen Bereichen. Semantisch muss der Begriff Prozess vom Begriff Geschäftsprozess abgegrenzt werden, wobei beide Begriffe in der Literatur bisweilen auch synonym verwendet werden. Während bei Prozessen ganz allgemein die Verknüpfung von Aktivitäten oder Arbeitsschritten zur Erzielung eines Ergebnisses im Vordergrund steht, fokussiert sich der Geschäftsprozess direkt auf die Kundenanforderung und als Ergebnis auf den Mehrwert für den Kunden. Das Konzept des Geschäftsprozessmanagements beschreibt dabei die Verknüpfung und Abstimmung von Prozessen, um als Resultat der Prozesskette die Kundenanforderung bestmöglich erfüllen zu können.[8]

---

[6] Vgl. o. V., 2016, Internetquelle.
[7] o.V., Fachschaft Informatik myGymer, o. J. URL: https://informatik.mygymer.ch/ef2020/datenbanken/einleitung/ausblick Zugriff am 10.03.2021
[8] Vgl. Schmelzer/Sesselmann, 2008, S. 63 f.

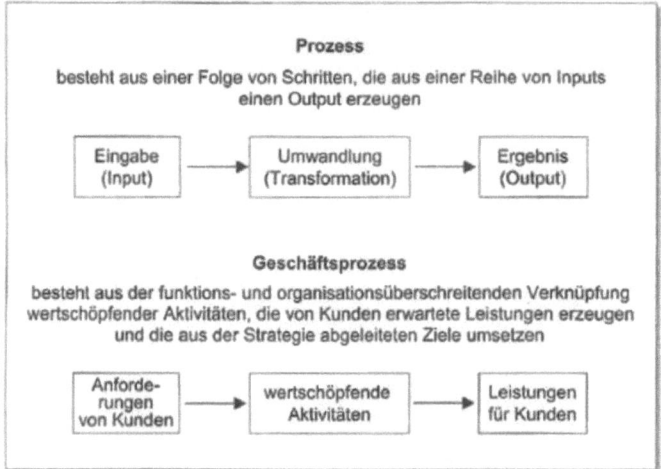

Abbildung 2 Definition Prozess und Geschäftsprozess [9]

In dieser Arbeit wird der Schwerpunkt auf das Prozessmanagement im Unternehmenseinsatz gelegt. Ziel des Unternehmens ist eine möglichst starke Kundenorientierung. *„Ein Prozess ist eine Kette von zusammenhängenden Aktivitäten, die gemeinsam einen Kundennutzen schaffen."*[10] Grundsätzlich können Prozesse analog ihrer Einsatzebene in drei Kategorien eingeteilt werden. Führungsprozesse finden sich im Umfeld der strategischen Unternehmensausrichtung. Mit Kernprozessen entsteht die direkte Wertschöpfung, daher sind diese operativ am wichtigsten. Sie orientieren sich am Unternehmenszweck und erzeugen ein Produkt beziehungsweise eine Dienstleistung, mit welchem das Unternehmen Gewinn erzielt. Die Unterstützungsprozesse sind nicht direkt an der Wertschöpfung beteiligt, sind jedoch eine wichtige Hilfe, damit der Kernprozess überhaupt möglich ist.[11]

2.2.2 Entwicklungen im Prozessmanagement

Entwicklungen im Bereich des Prozessmanagements gibt es seit über 100 Jahren. Es lassen sich hierbei vier bedeutende Phasen abgrenzen:

2.2.2.1 Phase 1: Arbeitszerlegung

Die erste Entwicklungsphase des Prozessmanagements startete ungefähr ab dem Jahr 1900. Diese Phase wird auch als Taylorismus bezeichnet, benannt nach Frederic

---

[9] Schmelzer/Sesselmann, 2008, S. 64.
[10] Feldbrügge/Brecht-Hadraschek, 2005, S. 12.
[11] Vgl. Rüffer, 2019, Internetquelle.

Winslow Taylor. Hierbei wurde die Aufbauorganisation (welcher Mitarbeiter ist wem unterstellt) und Ablauforganisation (welcher Mitarbeiter hat welche Aufgaben) voneinander getrennt betrachtet. Mit der Ablauforganisation wurden Arbeiten in viele kleine Einzelschritte aufgeteilt und diese dann gemäß der Aufbauorganisation Mitarbeitern, Gruppen oder Bereichen zugeteilt. Zur Zeit der industriellen Massenproduktion sollte dadurch eine hohe Auslastung der Maschinen und Mitarbeiter erreicht werden. Durch diese Aufteilung eines Ablaufes in Teilabläufe war es jedoch für die Mitarbeiter kaum möglich, den gesamtheitlichen Ablauf nachzuvollziehen. Dadurch aufkommendes Abteilungsdenken erschwerte die bereichsübergreifende Zusammenarbeit im Unternehmen. Diese Problematik ist auch heute in Unternehmen noch zu finden.[12]

2.2.2.2 Phase 2: Aktionsorientierte Datenverarbeitung

Die zweite Phase der Entwicklung im Prozessmanagement wurde in den 1980er-Jahren durch die elektronische Datenverarbeitung angestoßen. Im Zentrum stand die Aktionsorientierung. Hierbei sollten Abläufe auf der Ebene der elementaren Arbeitsschritte unter Zuhilfenahme von Datenbanken gesteuert werden. Diese Datenbanken enthielten von den Anwendungsprogrammen Informationen und kommunizierten diese an die jeweiligen Mitarbeiter. Eine Verwendung war zum Beispiel die Überwachung des Lagerbestandes. War der Mindestbestand unterschritten, so erhielt der zuständige Mitarbeiter die Nachricht, dass er einen Beschaffungsauftrag für den entsprechenden Artikel auslösen muss. Ziel der aktionsorientierten Datenverarbeitung war unter anderem die Verkürzung der Durchlaufzeiten und eine optimale Ressourcennutzung. Obwohl dieses Konzept bei Mitarbeitern auf Akzeptanz stieß, konnte sich es nicht durchsetzen, da zu dieser Zeit die Informationstechnik noch nicht für größere Datenmengen über genügend Leistung verfügte. Dieser Ansatz wurde jedoch zu einem späteren Zeitpunkt unter dem Stichwort Workflowmanagement erfolgreich umgesetzt.[13]

2.2.2.3 Phase 3: Prozessorientierung

Durch zahlreiche Publikationen wurde Anfang der 1990er Jahre die dritte Phase, die Prozessorientierung, eingeleitet. Dabei standen unter anderem die Trennung zwischen der

---

[12] Vgl. Gadatsch, 2020, S. 2 f.
[13] Vgl. Gadatsch, 2020, S. 3 f.

Prozessverantwortung und der Aufbauorganisation sowie die intensive Nutzung der inzwischen leistungsstärkeren Informationstechniken im Mittelpunkt. Durch den Einsatz von prozessorientierter Anwendungssoftware wurden bestehende Strukturen in Unternehmen aufgebrochen. Ganz besonders konnte durch diesen Ansatz weltweit die Standardsoftware SAP R/2 sowie das Nachfolgeprodukt SAP R/3 des deutschen Unternehmens SAP AG profitieren.[14]

2.2.2.4 Phase 4: Digitalisierung

Die vierte und aktuelle Phase der Entwicklung begann ab etwa 2010 mit dem Beginn der Digitalisierung. Ganz neue Konzepte des Informationsmanagements haben nun auf unterschiedliche Art und Weise Einfluss auf das Prozessmanagement. Dazu gehören Konzepte wie zum Beispiel Cloud Computing, Big Data oder Industrie 4.0. Dabei ist nicht nur ausschließlich die organisatorische Koordination betroffen, also wer macht was, sondern es kommt nun auch die technische Koordination mit dazu, sprich welche Prozesse werden wie unterstützt.[15] Auf diese neuen Konzepte und den aktuellen Forschungsstand wird in Kapitel 2.4 weiter eingegangen.

2.3 Integration von Big Data in das Geschäftsprozessmanagement

2.3.1 Relevanz von Big Data für das Geschäftsprozessmanagement

Big Data ist für das Geschäftsprozessmanagement von großer Bedeutung, denn *„[...] die Daten, die sich ständig ändern, werden auch ständig Ihre Prozesse verändern."[16]* Es besteht eine Wechselwirkung, da einerseits Daten Einfluss auf die Gestaltung der Prozesse haben, anderseits die Prozesse die Gewinnung und Verarbeitung von Daten verändern. Durch Nutzung aller wichtigen Daten können Unternehmen ihre Geschäftsprozesse kontinuierlich verbessern. Entscheidungen können auf dieser Grundlage rechtzeitig und fundiert getroffen werden.[17] Dies zeigt auf, dass Big Data für die Geschäftsprozesse von entscheidender Relevanz ist.

---

[14] Vgl. Gadatsch, 2020, S. 4.
[15] Vgl. Gadatsch, 2020, S. 4 f.
[16] Baron, 2013, S. 40.
[17] Vgl. Fasel/Meier, 2016, S. 206.

2.3.2 Herausforderungen und Möglichkeiten

Die Risiken, die mit dem Thema Big Data und deren Auswirkungen auf Geschäftsprozesse einhergehen, sind vielschichtig. Dennoch ist es zwingend notwendig, dass Big Data im Prozessmanagement berücksichtigt wird, denn *„Die größten Risiken bei Big Data beinhaltet wohl die Unterlassung, also das schlichte Ausblenden des Themas ohne konkrete Auseinandersetzung.“*[18] Sich den Herausforderungen zu stellen und Lösungen zu suchen, ist der Schlüssel zum Erfolg von Big Data.[19]

Als Kategorien von Barrieren zu nennen sind Daten, Ethik, Gesellschaft/Kultur, Organisation, Rechtslage und Technologie. Jede einzelne Kategorie wiederum beinhaltet zahlreiche Aspekte. Bei den Daten beispielsweise sind Punkte wie Qualität und Sinnhaftigkeit zu hinterfragen und sicherzustellen. Rechtlich muss den Themen Datenschutz und Datenrechte Rechnung getragen werden. Im Bereich Technologie muss in Hard- und Software inklusive dem entsprechenden Know-How-Aufbau investiert werden. Sowohl die Datenspeicherung als auch die Datenaufbereitung sind betroffen.[20] Sind diese Herausforderungen überwunden, so bestehen noch weitere Risiken, denn *„Insbesondere besteht ohne die tiefgreifenden Kenntnisse mathematisch-statistischer Zusammenhänge und Effekte die Gefahr von Scheinkorrelationen, Fehlinterpretationen und Fehlentscheidungen.“*[21]

Den Herausforderungen gegenüber steht der erzielbare Nutzen. Große Schlagworte werden eingesetzt, um die Chancen von Big Data und damit verbesserter Möglichkeiten und neuer Geschäftsprozesse zu beschreiben.

„„Big Data“ ist das ultimative Tool, Ihr Business zu verbessern.“[22] Es ist die Rede vom neuen Öl der Wirtschaft[23] oder von *„Daten als Kapital“.*[24]

Die Integration von Big Data in die Geschäftsprozesse bietet Chancen sowohl für die Kostenreduzierung als auch für die Umsatzsteigerung. Man kann *„[...] mit Big Data dras-*

---

[18] Bachmann/Kemper/Gerzer, 2014, S. 238.
[19] Vgl. King, 2014, S. 164.
[20] Vgl. King, 2014, S. 121 f.
[21] Bachmann/Kemper/Gerzer, 2014, S. 283.
[22] Baron, 2013, S. 25.
[23] Vgl. Baron, 2013, S. 19.
[24] Davenport, 2014, S. 186.

tische Kosteneinsparungen und substanzielle Verbesserungen in der Verarbeitungsgeschwindigkeit von Computeranwendungen realisieren oder neue Produkte und Dienstleistungen entwickeln. "[25]

Die Integration von Datenanalysen in die operativen Prozessketten unterstützt die Flexibilität gegenüber schnell wachsenden und komplexen Anforderungen und ermöglicht ein Höchstmaß an Effizienz. Big Data und die Anpassung von Geschäftsprozessen sind ein wesentlicher Baustein zur Sicherung der Wettbewerbs- und Zukunftsfähigkeit eines Unternehmens.[26]

2.4 Aktueller Forschungsstand

Durch die Digitalisierung schreiten viele Entwicklungen schnell voran. Die grundlegende Motivation zur Bemühung um Digitalisierung ist es, Prozesse zu verbessern. Diese Verbesserungen können ganz unterschiedlicher Natur sein wie zum Beispiel die effiziente Nutzung von Ressourcen, die Erhöhung von Durchlaufzeiten oder die Verbesserung der Zusammenarbeit.[27] Hierbei gibt es viele unterschiedliche Konzepte, exemplarisch werden zwei davon dargelegt:

2.4.1 Cloud Computing

Die Technologie des Cloud-Computing hat sich in den letzten Jahren zu einer der beliebtesten entwickelt. In der Regel geht es hierbei darum, dass Ressourcen der Informationstechnologie wie Speicherplatz, Rechenleistung oder auch Software als Service über das Internet gegen Bezahlung zur Verfügung gestellt werden. Daraus ergeben sich mehrere Vorteile. Der wohl größte Vorteil ist, dass man nicht selbst die entsprechende Hard- beziehungsweise Software anschaffen, betreiben und warten muss. Ein weiterer Vorteil entsteht durch die Möglichkeit der Skalierung, das heißt, die benötigten Ressourcen werden an die eigenen Bedürfnisse angepasst. Das hat auch personelle Konsequenzen: es bedarf keiner eigenen Mitarbeiter mehr für den Betrieb eines klassischen unternehmenseigenen Rechenzentrums.[28]

---

[25] Davenport, 2014, 58.
[26] Vgl. Bachmann/Kemper/Gerzer, 2014, S. 241 f.
[27] Vgl. o. V., o. J., Internetquelle.
[28] Vgl. Canbulat, 2020, Internetquelle.

Beim Cloud Computing gibt es unterschiedliche Arten. Exemplarisch werden drei davon kurz vorgestellt:

- Infrastructure as a Service (IaaS)
  Hierbei wird Informationstechnologieinfrastruktur zur Verfügung gestellt, und zwar lediglich die Hardware. IaaS wird deshalb auch als die unterste Ebene betrachtet als Basis für alles Weitere.

- Plattform as a Service (PaaS)
  Dieser Dienst wird vor allem von Softwareentwicklern genutzt, da hierbei eine Entwicklungsumgebung zur Verfügung gestellt wird, in der sie eigene Programme entwickeln, testen und ausführen können. Grundsätzlich werden dabei vom Anbieter gewisse Bedingungen gestellt wie etwa die Vorgabe von Programmiersprachen.

- Software as a Service (SaaS)
  In der Zeit vor Cloud Computing war es normal, Software als Produkt zu kaufen und auf der eigenen Hardware zu installieren. Durch SaaS kann Software über das Internet, über die Cloud, benutzt werden. Dabei wechselt die Software nicht mehr den Eigentümer, sondern wird als Dienstleistung in Anspruch genommen.

Neben den vorgestellten Arten gibt es auch den noch recht neuen Begriff Anything as a Service (XaaS). Hiermit werden sämtliche Dienste beschrieben, welche über die Cloud bezogen werden, beispielsweise Blockchain as a Service (BaaS), Communication as a Service (CaaS) und noch viele weitere.[29]

2.4.2 Industrie 4.0

Ein wichtiger Bereich, auf den die Digitalisierung Einfluss hat, ist die Industrie. Der Einfluss ist dabei so groß, dass man von der vierten industriellen Revolution spricht. 2011 wurde der Begriff Industrie 4.0 auf der Hannover Messe geprägt und von der Bundesregierung aufgenommen.[30]

---

[29] Vgl. Frick, 2019, Internetquelle.
[30] Vgl. Waschbusch/Mundt, 2019, Internetquelle.

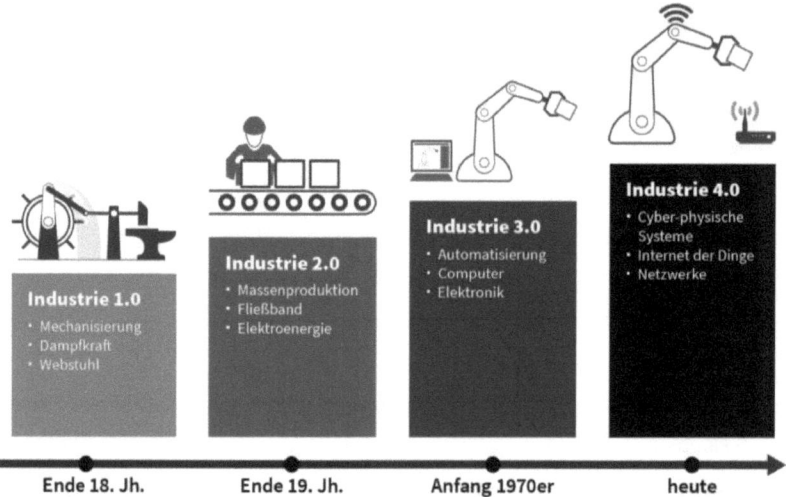

Abbildung 3 Stufen der industriellen Revolution[31]

Mit dem Begriff Industrie 4.0 ist nicht nur die Digitalisierung gemeint, der Begriff ist komplexer. Grundsätzlich geht es darum, dass durch die Verwendung von modernen Kommunikations- und Informationstechnologien Maschinen und Abläufe in der Industrie intelligent und dauerhaft verknüpft werden, um die Produktivität zu steigern.[32]

Damit dieser Informationsaustausch funktionieren kann, ist es notwendig, dass jedes Bauteil digital erfasst wird, Maschinen mit Sensoren ausgestattet und zum Beispiel digitale Technologien verwendet werden wie RFID-Systeme.[33] Bei RFID (Radio Frequency Identification) handelt es sich um eine Basistechnologie für die Industrie 4.0, die es erlaubt, Daten berührungslos auszulesen und zu speichern.[34]

Mit der Veränderung der Prozesse und der Aufrüstung der Geräte zum Zweck eines digitalen Informationsaustausches geht der Begriff Internet der Dinge, auch Internet of Things (IoT) genannt, einher. Denn die grenzenlose Kommunikation wie zum Beispiel von der Maschine zum Menschen, zum Lagerbestand oder zum Kunden erfolgt durch das Internet. Für die Digitalisierung, und somit auch für die Industrie 4.0, ist das Internet der wichtigste Grundbaustein.[35]

---

[31] o.V., Industrie 4.0 in Contact Software, o. J. URL: https://www.contact-software.com/de/wissen/schwerpunkte/industrie-40/ Zugriff am 28.02.2021
[32] Vgl. Hofmann, 2018, Internetquelle.
[33] Vgl. Raveling, 2020, Internetquelle.
[34] Vgl. Schiessle/Mundt, 2020, Internetquelle.
[35] Vgl. Raveling, 2020, Internetquelle.

3 Anwendungskontext: Predictive Maintenance in Industrieunternehmen

Durch einen konkreten Anwendungskontext sollen Potenziale der Verwendung von Big Data und Prozessmanagement aufgezeigt werden. Exemplarisch wird dabei die Wartung von Maschinen in Industrieunternehmen durch das Konzept von Predictive Maintenance beleuchtet, denn *„Predictive Maintenance ist eine der greifbarsten Anwendungen der Industrie 4.0."*[36]

3.1 Traditionelle Wartungsmethoden

Mit dem traditionellen Wartungsansatz werden Produktionsmaschinen in Industrieunternehmen zumeist nach festgelegten Intervallen gewartet. Dies kann zum Beispiel sein, wenn eine Maschine eine bestimmte Anzahl an Betriebsstunden erreicht hat oder eine gewisse Menge mit ihr produziert worden ist. Bei dieser Art der präventiven Wartung kann es sein, dass Verschleißteile ausgetauscht werden, obwohl diese noch in einem einwandfreien Zustand sind und noch über längere Zeit ihre Funktion erfüllt hätten. Durch unnötige Wartungen entstehen dem Unternehmen Kosten und durch die Wartung fällt die Maschine temporär für die Produktion aus.[37] Auf der anderen Seite kann es passieren, dass eine Wartung aufgrund höherer Produktion früher hätte stattfinden müssen. Geschieht dies nicht, kann ein Ausfall der Maschine die Folge sein.

3.2 Merkmale und Potenziale von Predictive Maintenance

Predictive Maintenance, übersetzt vorausschauende Wartung, ist in der Industrie 4.0 eine Kernkomponente. Hierbei wird für jede Maschine individuell der optimale Wartungszeitpunkt berechnet beziehungsweise eine potenzielle Störung frühzeitig erkannt und dadurch verhindert. Dieses Konzept wird möglich durch die Erfassung, Speicherung und der Analyse von großen Datenmengen. Die Produktionsmaschinen werden mit mehreren Sensoren ausgestattet, welche permanent Messwerte erfassen und diese übermitteln. Neben den Maschinen werden auch Daten aus der Umgebung berücksichtigt wie zum Beispiel die Raumtemperatur oder die Luftfeuchtigkeit. Die Erfassung von besonders gro-

---

[36] Schreiner/Mundt, 2020, Internetquelle.
[37] Vgl. Luber/Litzel, 2017, Internetquelle.

ßen Datenmengen ist dabei essenziell, um die Verlässlichkeit der Vorhersagen gewährleisten zu können. Um diese Menge an Daten verarbeiten zu können, werden Techniken und Datenbanken aus dem Bereich von Big Data verwendet. Zur Umsetzung des Konzeptes sind drei Arbeitsschritte notwendig. Als erstes erfolgt eine Digitalisierung der Prozesse, damit die Daten erhoben und übermittelt werden können. Danach werden die Daten gespeichert, analysiert und bewertet. Im dritten Schritt wird dann die Eintrittswahrscheinlichkeit von bestimmten Ereignissen berechnet.[38]

Dem Unternehmen entstehen zunächst Kosten beispielsweise für die Aufrüstung der Maschinen mit Sensoren oder bei der Anpassung der Prozesse. Dennoch ist das Potenzial durch Predictive Maintenance in den meisten Fällen diesen Aufwand wert, denn *„Die optimierte Planung von Service-Intervallen, die Reduktion von Stillstandzeiten und die Maximierung der Produktion stellen einen direkt messbaren Mehrwert dar, der sich in vielen Fällen in Return-on-Invest-Zeiten von wenigen Monaten niederschlägt."[39]*

4 Zusammenfassung und kritische Reflexion

Ziel dieser Arbeit war es, den Einfluss von Big Data und Prozessmanagement auf Unternehmen aufzuzeigen. Dabei kann zusammenfassend festgehalten werden, dass durch Big Data und die damit zusammenhängende Digitalisierung sich teilweise enorme Potenziale für Unternehmen auftun, sei es durch Kostenreduzierung in der Produktion, die Entwicklung ganz neuer Produkte oder die Möglichkeit, fundiertere Unternehmensentscheidungen zu treffen. Dieses Potenzial nicht zu berücksichtigen, könnte sich negativ auf die Wettbewerbsfähigkeit eines Unternehmens auswirken. *„In Zukunft wird es wohl eher unprofessionell sein, große Mengen externer Daten nicht für strategische Entscheidungen heranzuziehen."[40]*

Trotz der vielen Chancen ist es zwingend notwendig, auch die Risiken dabei zu betrachten. Vor allem der Datenschutz ist ein essenzieller Punkt. Aufgrund des beschränkten Umfanges dieser Arbeit konnten die Risiken nur rudimentär betrachtet werden. Sie haben auf die gesamtheitliche Thematik bezogen eine größere Relevanz als in dieser Arbeit dargestellt.

---

[38] Vgl. Luber/Litzel, 2017, Internetquelle.
[39] Wallner, 2016, Internetquelle.
[40] Davenport, 2014, S. 52.

Durch die Digitalisierung und Big Data sind mehrere spannende Technologien und Konzepte entstanden, welche teilweise großen Einfluss auf die betrieblichen Anwendungs- und Informationssysteme haben. Hierbei können auch zukünftig noch weitere ganz neue Entwicklungen stattfinden, denn *„Big Data gehört zu den einflussreichsten Technologiekonzepten der Gegenwart wie der Zukunft."*[41]

[41] Schmidt/Litzel, 2020, Internetquelle.

Literaturverzeichnis

Bachmann, Ronald/Kemper, Guido/Gerzer, Thomas (2014): Big Data Fluch oder Segen? – Unternehmen im Spiegel gesellschaftlichen Wandels, 1. Auflage, Heidelberg: Mitp Verlag.

Baron, Pavlo (2013): Big Data für IT-Entscheider – Riesige Datenmengen und moderne Technologien gewinnbringend nutzen, München: Carl Hanser Verlag.

Davenport, Thomas H. (2014): Big Data @ Work – Chancen erkennen, Risiken verstehen, München: Franz Vahlen Verlag.

Fasel, Daniel/Meier, Andreas (2016): Big Data – Grundlagen, Systeme und Nutzungspotenziale, Wiesbaden: Springer Vieweg.

Feldbrügge, Rainer/Brecht-Hadraschek, Barbara (2005): Prozessmanagement leicht gemacht – Wie analysiert und gestaltet man Geschäftsprozesse?, Heidelberg: Redline Wirtschaft.

Gadatsch, Andreas (2020): Grundkurs Geschäftsprozessmanagement – Analyse, Modellierung, Optimierung und Controlling von Prozessen, 9. Auflage, Wiesbaden: Springer Vieweg.

King, Stefanie (2014): Big Data – Potential und Barrieren der Nutzung im Unternehmenskontext, Wiesbaden: Springer Fachmedien.

Schmelzer, Hermann J./Sesselmann, Wolfgang (2008): Geschäftsprozessmanagement in der Praxis - Kunden zufrieden stellen - Produktivität steigern - Wert erhöhen, 6. vollständig überarbeitete und erweiterte Auflage, München: Carl Hanser Verlag

Internetquellen

Canbulat, Burhan (2020): Was ist Cloud Computing? – Einfach erklärt
https://alter-solutions.de/allgemein/was-ist-cloud-computing/
(Zugriff am 25.02.2021)

Fehr, Reto (2019): 11 Dinge, die in unserem Alltag vor Big Data unmöglich waren
https://www.watson.ch/digital/schweiz/803083921-big-data-im-alltag-so-veraendern-da-ten-unser-leben
(Zugriff am 04.03.2021)

Frick, W. Thomas (2019): Cloud-Computing-Dienste – Drei Arten im Überlick
https://it-wegweiser.de/cloud-computing-dienste-spi-modell/
(Zugriff am 27.02.2021)

Hofmann, Benedikt (2018): Industrie 4.0 verständlich erklärt
https://www.maschinenmarkt.vogel.de/industrie-40-verstaendlich-erklaert-a-762257/
(Zugriff am 28.02.2021)

Luber, Stefan/Litzel, Nico (2017): Was ist Predictive Maintenance?
https://www.bigdata-insider.de/was-ist-predictive-maintenance-a-640755/
(Zugriff am 07.03.2021)

McCloskey, Andrew (2020): 4 Vorteile durch den richtigen Einsatz von Big Data in der Industrie
https://www.industry-of-things.de/4-vorteile-durch-den-richtigen-einsatz-von-big-data-in-der-industrie-a-939222/
(Zugriff am 04.03.2021)

o. V. (2016): Was ist Big Data? – Eine Definition mit fünf V
https://www.unbelievable-machine.com/was-ist-big-data-eine-definition-mit-funf-v/ (Zu-griff am 22.02.2021)

o. V. (o. J.): Keine Digitalisierung ohne Prozessmanagement
https://www.quam.cloud/blog-wissenswertes/keine-digitalisierung-ohne-prozessma-nagement
(Zugriff am 25.02.2021)

Radtke, Michael/Litzel, Nico (2019): Was ist Big Data?
https://www.bigdata-insider.de/was-ist-big-data-a-562440/
(Zugriff am 17.02.2021)

Raveling, Jann (2020): Was ist Industire 4.0? Die Definition von Digitalisierung
https://www.wfb-bremen.de/de/page/stories/digitalisierung-industrie40/was-ist-industrie-
40-eine-kurze-erklaerung
(Zugriff am 28.02.2021)

Rüffer, Denise (2019): Prozessmanagement – So optimieren Sie Ihre Workflows
https://www.factro.de/blog/prozessmanagement/
(Zugriff am 28.02.2021)

Schiessle, Edmund/Mundt, Elisa (2020): Was sind RFID Systeme? Definition, Aufbau
und Anwendung
https://www.industry-of-things.de/was-sind-rfid-systeme-definition-aufbau-und-anwen-
dung-a-687268/
(Zugriff am 28.02.2021)

Schmidt, Christian/Litzel, Nico (2020): Die Grenzen und Potenziale von Big Data in Unternehmen
https://www.bigdata-insider.de/die-grenzen-und-potenziale-von-big-data-in-unterneh-
men-a-935071/
(Zugriff am 06.03.2021)

Schreiner, Jakob/Mundt, Elisa (2020): Was ist Predictive Maintenance? Definition, Anwendung und Beispiele
https://www.industry-of-things.de/was-ist-predictive-maintenance-definition-anwendung-
und-beispiele-a-693842/
(Zugriff am 07.03.2021)

Wallner, Philipp (2016): Predictive Maintenance – so geht´s!
https://www.computer-automation.de/steuerungsebene/fernwirken/predictive-mainte-
nance-so-geht-s.135222.5.html
(Zugriff am 08.03.2021)

Waschbusch, Lisa/Mundt, Elisa (2019): Was bedeutet Industrie 4.0? Definition, Merkmale und Anwendung
https://www.industry-of-things.de/was-bedeutet-industrie-40-definition-merkmale-und-
anwendung-a-828236/
(Zugriff am 28.02.2021)

BEI GRIN MACHT SICH IHR WISSEN BEZAHLT

- Wir veröffentlichen Ihre Hausarbeit,
  Bachelor- und Masterarbeit

- Ihr eigenes eBook und Buch -
  weltweit in allen wichtigen Shops

- Verdienen Sie an jedem Verkauf

Jetzt bei www.GRIN.com hochladen
und kostenlos publizieren